天下雜誌
觀 念 領 先

成功與失敗

稻盛和夫

新裝紀念版

如何過好一生的品格

Kazuo Inamori
稻盛和夫 著　彭南儀 譯

「成功」と「失敗」の法則

能將試煉視為絕佳成長機會，

甚至能進一步領悟

「所謂人生，是上天為了讓我們提升自己的性靈、

磨練自身的靈魂，而提供的修養道場」的人，

才能把有限的人生變得豐富精采，

同時也為周遭的人帶來美好幸福。

稻盛和夫 成功與失敗（新裝紀念版）⊙ 目錄

推薦序 迎接挑戰邁向成功 林信義 007
推薦序 善念，在一念之間 陳申青 015
推薦序 真正的成功 羅祥安 021

第1章 人生的目的 029
人未經試煉不會成長 031
身處地獄或極樂，取決於心 041
為什麼需要哲學 051
為了每個比今天更好的明天 059

第2章 心念的力量 067

人生處事須基於善念 069
動機是否出於善念？有無私心？ 079
幸福由心而定 089
人生乃心性之反映 099

第3章 嚴以律己 109
不可將才能據為一己之用 111
殫精竭慮，持續付出不輸給任何人的努力 121
富裕即為知足 129
每日自省吾身 137

第4章 如何開拓坦途 145
工作的重要 147

心無旁騖，專注投入 157
人正確的生存之道 165
本於「德」治理組織 173
打開「智慧寶庫」 183

後記 193
作者專訪 京都陶瓷創辦人、榮譽會長稻盛和夫：
光明正大最重要 採訪／狄英、莊素玉 197

推薦序
迎接挑戰邁向成功

林信義

稻盛和夫先生要如何重整負債累累的日本航空？是否能如預定計劃，於二〇一二年三月在東京證交所重新掛牌交易？大大考驗著素有「經營之聖」美譽的稻盛和夫先生，在經營管理上的智慧。

從《稻盛和夫工作的方法》到這本《成功與失敗》，可以發現稻盛和夫將人生視為一場又一場的試煉，唯有通過重重考驗，才能活出精采。

二〇〇九年秋季，日本有一部相當受歡迎的連續劇《仁醫（JIN－仁－）》，主要描寫一位醫術精湛的腦外科醫師南方仁，穿梭時空回到一八六二年，也就是醫學不發達的江戶時代。南方仁如何憑藉既有的醫學知識和智慧，去彌補醫療設備不足的窘境，並且克服種種困難，成為劇中突顯的重點。其中，貫穿該劇的中心主旨，就是南方仁在面對各種治療疾病上的考驗時，最常自我勉勵的一句話「神様は乗り越えられる試練しか与えない」，意即「世上沒有無法克服的試煉、無法超越的苦難」，神明給我們的難關，都只是在考驗我們。只要有心，精誠所至，金石為開，天地必將為之感動，引導我們突破重圍、走向成功。

二十八歲到五十四歲，這段人生中最寶貴的歲月裡，我在中華汽車成長茁壯。回首過往，在那二十六年時光中，憑藉著對工作的努力不懈、勤奮學習，我才能從最基層的助理工程師，晉升到廠長、協理、副總、總經理，乃至副董事長。當然在過程中也非常感謝貴人相助和伯樂賞識，為了不辜負眾人的期許，我在每一階段都全力以赴；身為管理者，也秉持著「吾日三省吾身」，反省每天的作為。

記得有一次在董事會上，我曾為了沒有達到設定目標而向董監事道歉。雖然與前一年相較，產銷成長二位數、獲利成長二位數，但只達成預設目標的九四%。也許從外人的眼光來看，這樣的成績已經相當亮眼，但坦誠面對自己未能達成目標，深切地省思檢討後，反而能更加坦蕩地面對自己和他人。能夠時時覺察、覺照自己的心念、言行並改正不良的習氣和習慣，是一種自我提升，也是對人生負責的一種最高展現。在經歷過許多不同的人事和職場之後，我發覺，境是隨心念而轉，也認同稻盛和夫先生所說的幸福由心而定，凡事抱持知足感恩的心，內心平和，幸福自然相隨，畢竟「幸福是懂得知足的人，才能擁有」。

我曾應邀在各大企業為高階主管們演講，在演講中我常與在場的主管們分享何謂卓越領導。身為管理者，首先必須要有誠信，也就是「前後一致」、「言行一致」，面對人、事、物觀點的表達，雖要委婉，但仍要「表裡一致」，才能通過檢驗並得到同仁的信賴。此外在統御組織上，職場裡主管擁有的是職位所帶來的「Position Power」，但以職權來掌控員工，「以權服人」，員工只是「因恐懼害怕而受命」，如要獲得尊敬，就必須採取「以德服人」的方式，也就是透過「Professional Power」，以專業的能力，讓員工「因心悅誠服而認同」，亦即稻盛和夫所言：「要長期推動企業發展，經營者必須持續努力，讓做為一個人的器量，也就是自己的人性、哲學、想法、人格，能夠不斷向上。」

過去四〇年的職場生涯中，工作上常遇到有協商談判的情況，若彼此只是堅持自己最有利的立場，雙方將永遠處於零和狀態。如果可以各退一步，站在對方的立場來設想，並嘗試找到雙方最大利益的交集之處來加以擴大，那麼事情便會有圓滿雙贏的結果。

記得在政府服務期間，也常有部會因所處的角色不同以及本位主義的思維，而有僵持不下或互推責任的現象，此時整合的工作就顯得相當重要，也唯有藉由跨部門整合和耐心的溝通協調，才能找出對人民最有利的方案。畢竟民眾不會去了解部會的職掌，只是單純希望政府給予答案或解決問題，更遑論政府是為服務人民而存在的事實。我相信，只要每個人都能夠秉持著為他人著想的利他心態，拋棄自私自利的利己心態，就能創造出善解人意的和諧美好。而且也因為是從「利他」出發，結果也自然「利己」。

閱讀稻盛和夫的文字，可以感受到字裡行間所散發出的淡淡禪意。雖是平實的字句，但是所隱含的深邃意義，卻是值得再三思索。這也讓我想起，中台禪寺的惟覺老和尚所提出的「中台四箴行」，「對上以敬、對下以慈、對人以和、對事以真」，以「敬」來消除驕傲的習氣，以「慈」來除去自己的瞋恚心，以「和」來和緩粗暴之心並化解暴戾之氣，以「真」來去除諂媚狡詐和虛偽不實，這也是我在工作中常自我惕勵的圭臬。想想這不也和稻盛和夫所提的「敬天愛人」頗有異曲同工之妙？

生命的旅程中，每個人都要迎接種種難關與挑戰，失敗只是協助我們跨往成功的墊腳石。要謹記每次失敗中所習得的教訓，不要失去信心與熱情，並以堅定的正念、純粹的心，與無比的努力向前邁進。如此，人生的價值才能體現，生命的光彩才能愈發閃耀，也方能為身邊的人帶來長遠的幸福。

（本文作者為前經濟部長、行政院副院長）

推薦序

善念，在一念之間

陳申青

為書寫序，應有一個大前提，就是認同、相信書的內容。看完這本書，一開始對稻盛和夫的論點，是有點保留，再細想，也就接受了。

為什麼保留？因為，稻盛和夫說他創辦第二電電（ＫＤＤＩ），只是以「為世界、為人民謀福利」的單純信念做為經營基礎，就可以持續成長茁壯，正面挑戰ＮＴＴ及日本通信。稻盛和夫

「純粹以志向高遠為心念，其中潛藏無比美好力量」就可以成就國際級大企業，這是可能的嗎？回頭想想，台灣很多大企業的信念，也不就是「勤勞」兩個字而已。因此，也就信服稻盛和夫的信念。

稻盛和夫在後記中也寫到，本書文章是他從一九九六到二〇〇七年間投稿月刊的卷頭言，橫跨十年。經歷日本社會動盪，內容都還能互相連貫，這一致的中心思想，就是他的人生觀。

的確，這本書從頭到尾，充滿了生活宗教理念。「不可以說謊、不可造成別人的困擾。勿貪、勿只為自己盤算，正直、善念、勤奮、感謝、反省、知足常樂、用心耕種、坦然以對、謹慎執行、謙虛、努力、熱情、愛、真誠、和諧、公正、誠實、真、善、美。」

這些字語很熟，好像是國小讀過、我們早就知道的話。但是小學還沒畢業就把它們忘了，不只台灣而已，日本也是一樣。

書中以孫中山為例，引喻日本。稻盛和夫寫到，一九二四年孫中山曾在日本神戶演講，講過這麼一段話「你們日本民族，現在引進了歐美的霸道文化，但同時也擁有了亞洲王道文化的本質。面對世界文化的前途，日本今後究竟會淪為西洋霸道的看門狗，還是成為東方王道的干城，完全繫乎於你們日本國民的仔細思考、審慎選擇。」

稻盛和夫承認，日本沒聽從孫中山的話，一頭栽進「霸道」思想，終於在一九四五年迎接戰敗的事實。而孫中山的王道，講的就是「德」的理念，也就是「仁、義、禮」，是我們小學課本中都曾讀到的。

在這本書中，稻盛和夫呼應孫中山的理念，對現在道德不彰的日本社會提出很多呼籲，可以稱作「生活宗教」。而且，他有ＫＤＤＩ成功的例子做為支撐理論的實證，不單是道德指導而已，還有出世的成果。

回到企業經營，稻盛和夫主張領導人的器量，包括人性、想法、哲學、人格，要能不斷向上。只要悟通這道理，形成意念，努力工作，自然會在「智慧寶庫」中獲得他所需的那一道光明。

我們也在學稻盛和夫，在推動中央通訊社的季績效考核時，就是以善念出發。因為考核一定有獎有懲，不得不懲罰時，我都主張：要以避免我們的同事下次再犯錯為出發點想，「罰求無罰」。我自己初為記者時，將國父孫中山誕辰及逝世紀念日弄錯，被記一支過，我也是抱著感謝心走過來。有這支過，我記者生涯中不再犯同樣的錯。

善念難嗎？一念之間而已。

（本文作者為前中央通訊社社長，現任《菱傳媒》社長）

推薦序
真正的成功

羅祥安

看到這本稻盛和夫的新作《成功與失敗》，大家可能都期待從大師的經驗中學到更多經營管理的方法和秘訣。打開書一看：提升性靈、磨練靈魂、極樂與地獄、佛書與聖經、哲學與人性、利己與利他、愛心與幸福、感謝與反省、知足與工作等，一時之間，說不定會認為拿錯書了吧！

其實，這本書是稻盛和夫的人生觀，和如何經營美好人生的原則。透過人生和事業的精采歷練，他真誠明確地剖析人生的目的及意義，和開創幸福成功人生的不二法門。以前的幾本大作，傳授的是拳法的招式和套路，教人如何做一個優秀的經營管理者。本書才是「稻盛神功」的底蘊和原點，及其威力無窮且源源不絕的強大內力的根源，教人如何成為偉大的領導人並獲得事業和人生真正的成功。

稻盛認為：人生真正的成功，在於提升、淨化，和磨練自己的靈魂，讓自己能夠成長為一個比起呱呱墜地時，更為善良美好的人。人生充滿了各種試煉，不管是失敗或成功，唯有將試煉視為成長機會的人，才能把有限的人生變得豐富精采，同時也為周遭人帶來幸福。

鐵不經千錘百鍊不能成鋼，釉不經多次高溫窯燒無法成為上好骨瓷。人生的試煉是神送給我們最好的禮物，鍛鍊我們成為更堅強、茁壯、有用的器皿。因此遭逢試煉時，採取怎樣的態度面對，對人生有關鍵的影響。

他認為一家公司的成就完全取決於經營者的人格，也就是做人器量的大小。如果要長期推動企業的發展，經營者必須持續努力讓自己做為一個人的器量，也就是自己的人性、哲學、想法、人格能夠不斷向上。人生處事需有愛心、存善念、從利己轉為利他。純粹且志向高遠的心念，其中潛藏著無比美好的力量。只要抱持著充滿體貼關懷、為人設想的善念，懷抱著一顆美麗的心，堅持夢想，持續付出不輸給任何人的努力，為了每個比今天更好的明天奮鬥。上天一定會承諾你一個結實累累的豐富人生，並洋溢著圓滿幸福。

對這點，我頗有感觸，經營捷安特的前三十年，我一直本著以提供最高品質、最好價值的自行車貢獻社會的信念，去面對無數試煉，再加上全體同仁努力工作、創新挑戰，持續改善，終能逐步成長茁壯。在過去八年裡，一個純粹且出於愛心和善念的心念被孕育成形了。我們不再是賣自行車，而是要分享騎自行車的喜樂，讓人們身心更健康、生活更美好、世界更美麗。公司同仁從上至下，都成為熱情洋溢的自行車生活的「傳教士」，工作雖然辛苦，但覺得人生充滿意義和幸福。奇妙的是，公司也因此飛躍成長。

人的心田如同庭院種植一樣，必須有智慧地耕耘，要徹底翻土，重新整理，捻除盤據在心中稱霸得勢的「惡念」雜草，播下「善念」種子，小心培養呵護，才能開花結果。稻盛強調人心易生煩惱，所以必須每天自省吾身，遏止無窮無盡的私欲，抑制煩惱的竄升，感謝現在手邊所擁有的，誠實地不斷努力修練，才能精進。

在此分享一個體驗，個人原來也修習禪宗多年，努力鍛鍊心志，排除私欲雜念，力求不使心台惹上塵埃。雖小有成就，但畢竟人性是軟弱的，總還是有些情緒無法釋懷，心中還存著一些難言的陰暗角落。後來，我信了耶穌，就把一切煩惱交託給神，神是光，神進入心中，就把黑暗全都趕走了。我也學會了順服、謙卑，不再以自己為中心，也在多次試煉時感受到神的同在。稻盛多次提到佛法、聖經和神明的智慧及幫助，或許他也有類似的體驗吧！

稻盛滿懷感恩地說：「（得以成功帶領京瓷成長）是因為上天碰巧將『用於經世濟民』的經營才能恩賜給我的緣故，所以絕不可把這份才能自私地據為己用。」我相信正因為有這樣的人格和想法，稻盛才會在七十八歲高齡退休之後，還應日本政府和民間輿論請託，出任破產、重整、等待重新出發的日本航空的CEO吧！

我深信並誠摯地祝福稻盛先生，一定能創造日航新的生命，並將更多的幸福帶給日本的社會和民眾！

（本文作者為捷安特品牌創始人）

第1章
人生的目的

人未經試煉不會成長

成長的十字路口

人生駛入終點站時，有人成為了頂天立地的人格者，也有人只是苟活了一輩子。我認為其中的差別在於：走在這條人生的漫漫長路上，是否能夠磨練自己，提高自我人格。

舉例來說，人呱呱墜地降生到這個世界時，就像是一顆外表不起眼的原石，要經過後天切磋琢磨，才能變成有如光采耀眼的寶石般美好人格的人。

那麼，我們要如何磨練自己呢？

我認為「試煉」是讓人大幅成長的絕佳機會。事實上，翻開歷史上所有成就偉大事業的人，沒有一個是未曾遭逢試煉的。

明治維新的元勳西鄉隆盛也是其中之一。據傳，西鄉孩提時代一點也沒有出眾之處，還被取了個「大草包」的綽號。但是，後來他卻成為勝海舟（譯註：勝海舟是德川幕府中精通西學的開明官僚，與從事倒幕運動的西鄉隆盛原本是相互敵對的立場，但後來爲了百姓生計，兩人於一八六八年在江户達成無血開城的七項和平協議）等幕府末年的偉人們豎起大拇指極力褒揚的人格者，完成了明治維新的豐功偉業。

西鄉隆盛這位大名鼎鼎的人物，一生中遭遇了不知凡幾的試煉。例如年輕時，他和摯友僧侶月照一起投身鹿兒島的錦江灣自盡（譯註：一八五八年，尊王攘夷派的僧侶月照因安政大獄而遭幕府追捕，西鄉拒絕接受新藩主逮捕月照的命令，所以一起遭受追殺），月照絕命，只有西鄉獨活。失去摯友的椎心之痛，文字實不足以訴說萬分之一！

後來，他仍舊懷才不遇，兩次被流放到遙遠的荒島。第二次流放的境遇尤其悲慘，因為他觸怒了島津久光（譯註：薩摩藩主島津忠義之父），被流放到距離鹿兒島非常遙遠的沖永良部島（譯註：位於奄美群島西南方的一座島嶼），還被關進了完全無法遮風蔽雨、狹小侷促的牢獄裡。

即使身處如此逆境，西鄉依然不改其志，終日耽讀東洋古典史籍，為了提升自我，絲毫不曾懈怠。他忍受苦難，甚至反過來把苦難辛勞當作充實自己的食糧，全心全意地奮發向上，努力磨練自己的人格。

之後，獲得赦免離開流放島嶼的西鄉，其高風亮節的人品和卓越不凡的見地，深受百姓們信賴與愛戴，不久終於成為明治維新的大功臣。

西鄉隆盛的人生清楚地告訴我們：遭逢「試煉」時，採取怎樣的態度面對，對人生有關鍵的影響。

面對苦難時，你是選擇索性屈服投降、放棄原有的夢想，得過且過地敷衍妥協？還是像西鄉隆盛一樣，能夠不畏苦難、甘之如飴，埋首持續努力精進？一個人是否能夠不負萬物之靈之名，成長茁壯，關鍵就在這十字路口上。

該如何看待試煉？

我所說的「試煉」，不單指大家心目中一般認為的苦難而已。對人而言，連成功也是試煉。

假設有個人在工作上大展鴻圖、名利雙收，大概每個人看到他都會忍不住羨慕：「這個人的人生是多麼圓滿成功啊！」可是其實連成功也是上天給予的嚴格「試煉」。

功成名就之後，你會自恃甚高而驕傲跋扈，沉醉於名聲，耽溺於財富，從此不再精進，怠惰了努力？還是以成功為自己的食糧，揭櫫更高遠的目標，不斷謙虛自持，努力向上？選擇的道路不同，之後的人生會有天壤之別。總而言之，上天是藉由施予人類名為成功的「試煉」，測試著我們。

也就是說，人生是各種大小不同的苦難和成功所串聯起來的過程，每道關口都是「試煉」。我們的人生，會因為自己如何看待生命交織出地圖般的「試煉」，而有截然不同的風貌。

不論我們遭遇了苦難，或是僥倖經歷任何一種「試煉」，都要告訴自己，絕對不可喪失自我。

換言之，面對苦難時，我們要正面迎擊，並且更加努力精進修為。反之，面對成功時，我們要虛懷若谷，勿狂妄自大，並且真心誠意地加倍持續努力。唯有每天不懈怠地勤奮鑽研，人類始得成長茁壯。

今天我們面臨的是一個價值觀錯亂、混沌不明的現代社會，不過我相信，無論大家被迫處於怎樣的環境之中，只要我們每個人全神貫注，不斷努力磨練自己、提升人格。這論調乍看之下或許迂腐，但最終一定能讓我們的社會走向更美好的康莊大道。

面對苦難時，我們要正面迎擊，
並且更加努力精進修為。
反之，面對成功時，
我們要虛懷若谷，勿狂妄自大，
並且真心誠意地加倍持續努力。
唯有每天不懈怠地勤奮鑽研，
人類始得成長茁壯。

身處地獄或極樂，取決於心

利己心與利他心

日常生活中，我們採取行動時，往往過於計較利害得失。換言之，我們總是被利己的觀念牽著鼻子走，成天淨想著自己的利益。

但是，如果這世上到處都是抱持如此心態的人，就算社會已經進步到如日本現今的富裕狀態，整個世道還是會就此敗壞，從此一蹶不振。為了導正社會風氣，我總是苦口婆心地再三呼籲：「不要只想到對自己有利的事，應該要能相對犧牲自己，重視利他的事。」

佛教的教義深入淺出地闡釋此體貼之心、利他之心究竟有多麼重要，所以容我介紹其中一則。這個故事是由我擔任信徒總代表的京都圓福寺的方丈告訴我的。

一位在寺廟修行的僧侶雲水請教方丈大師：

「大家都說人死後的世界裡有地獄也有極樂，這是真的嗎？如果真有地獄，那地獄又長得什麼模樣呢？」

方丈回答：

「當然，死後的世界裡有地獄也有極樂。但是，兩者的差別並沒有你想像的那麼大。外觀上地獄和極樂幾乎完全一樣，不同的只是居住在那裡的人們所擁有的心態啊！居住在地獄的人成天只想著自己的好處，抱持的是利己的心態；而居住在極樂世界的人，懷抱的則是善解人意的利他之心，終日為他人著想。」

雲水進一步請求開示：

「為什麼只因心態的不同，而有極樂和地獄的分別呢？」

對此詢問，方丈以下面的比喻回應。

善解人意創造的世界和諧美好

對不分晝夜刻苦修行的雲水而言，烏龍麵便是珍饈佳餚。方丈於是打個比方：假設放置在房間正中央的大鍋裡，現在正煮著美味的烏龍麵，旁邊還已經備妥了蘸汁。

不過，吃這烏龍麵有個規矩：必須用長約一公尺的筷子夾食，而且得握住頂端。所謂的地獄和極樂，到此為止都是一模一樣的。

也就是說，鍋的大小和圍鍋用食的人數都相同，不同的只是坐在那裡的人的心態。

「你試著想像一下接下來會發生什麼事！」方丈反問雲水。

如果一鍋看似美味無比的烏龍麵就擺在一群飢腸轆轆的人眼前，然後有人告知：「別客氣！大家用吧！」這下子到底會出現怎樣的光景呢？

如果是在地獄，大家莫不一拿起那長約一公尺的筷子，便立刻以迅雷不及掩耳的速度夾取烏龍麵，放進自己身邊的蘸汁裡。可是雖然蘸了汁，但筷子實在太長，老送不進自己的嘴裡。坐在對面的人則不願眼睜睜地看別人吃到麵，所以用筷子硬扯掉別人夾好的麵條。就這樣，一幅眾人墮入阿鼻地獄、痛哭哀號的景象出現了。好不容易煮好的烏龍麵被打翻，灑了一地，結果沒有一個人可以吃上一口，所有人都陷入了餓鬼道。

相反地，如果是在極樂，裡面住的都是充滿體貼之心的人們。所以，只要有人開口說：「烏龍麵已經煮好了。大家共同享用吧！」大家就會拿起筷子夾取鍋中的麵條，蘸好醬汁，然後伸出筷子說：「來！你先請！」讓坐在對面的人先行享用。

坐在面前的人也會回道：「啊！真是太好吃了。現在換你嚐嚐！」然後幫對方夾取烏龍麵。所以麵條沒有半根掉到鍋外，每個人都能穩當地享受眼前美食，於是乎個個雙手合十，一邊心懷感恩，一邊吃麵。

「這正是極樂世界啊！但是外觀和地獄可沒有絲毫差別，」方丈開示雲水。

如同這故事所教誨的，現實世界裡，我們究竟身處地獄亦或極樂，端視自己所持的心態而定。

我由衷企盼我們生活的現代社會能到處充滿著洋溢善心、凡事先為對方著想的人們，成為溫馨美好的社會。

現實世界裡我們究竟身處地獄亦或極樂，端視自己所持的心態而定。

為什麼需要哲學

哲學是引領我們走向正途的羅盤

這世上有為數不少的人，雖然具備高超的能力，卻因為沒有善心，終至誤入歧途。即使在我長期投身的經營世界裡，也有很多人抱著「我有賺錢就好」這樣的自我中心思考，因此引發一連串醜聞，終至沒落。

這些人其實都是滿腹雄才大略的經營之才，然而他們的行為卻讓人不由自主地搖頭嘆息。正如同自古有云：「才子倒於才」，滿腹才識的人往往不自覺地過於仗恃自己的才能，於是走向不該踏上的道路。這樣的人就算善用自己的長才成功了一次，最後還是會因為僅依靠自己的才學而步向失敗一途。

一個人愈是擁有超乎凡人的才能見識，愈需要能將之導向正確方向的羅盤。而羅盤的指針正是理念、思想，或是哲學。要是這樣的哲學不夠充分、人格不盡成熟，縱使上天恩賜再大的才能，也無法將此難得的天賦活用在正確的方向上，終將走入自毀前程的歧途。這道理不僅限於企業領袖，也適用於我們的人生。

所謂的人格可以用「性格＋哲學」的公式表現。人類與生俱來的性格，加上後天人生經歷中不斷學習到的哲學，才能形成所謂的人格。換言之，先天的性格必須佐以後天的哲學，才能陶冶自己的人格。

也就是說，如果我們沒有確實扎穩哲學的根基，就無法讓人格的樹幹筆直、粗壯地向上成長。

是否為正人君子

那麼，我們需要的是怎樣的哲學呢？可以告訴我們「是否為正人君子」者便是。這些不就是父傳子、子傳孫，代代相傳既簡單又原始的教義，人類自古以來培養的倫理和道德嗎？

簡而言之就是：

不可說謊，

不可造成別人的困擾，
必須正直，
勿貪婪，
勿只為自己盤算。

雖然上述種種，每個人在童年時代都曾受教於父母師長，可是隨著年齡增長，成為大人的我們反而將之拋諸九霄雲外。我們應該把這些已然忘卻的單純規範當作人生的指針，並視為人生中必須恪遵奉行的判斷基準。

倘若做出的行為違背了大眾遵行的倫理或道德，絕不可能會有好下場。這是非常簡單的基準，也是合理的原則，我們如果以此為準則經營自己的人生，自然可以毫無困惑地走上正確的道路。

生活必須重新回到遵循原理原則的正軌

或許在現代的日本，一講到明示人類該如何自處的倫理和道德，很多人都會抱持著負面的印象，認為這種想法早就不符時代潮流，該送進歷史的山洞去。甚至到了戰後的日本，人們錯以為戰前政府大力提倡道德做為思想教育是錯誤的政策，因此在這樣的反省和反動中，道德幾乎被視為洪水猛獸，碰觸不得。但是，原本道德應該是人類孕育出的智慧結晶，規範我們日常行為的確實準則。

近代的日本人，以過時迂腐為理由，摒棄歷代祖先累積的無數睿智，且因過於追逐權宜方便，反而逐漸喪失了許多我們不可或缺的東西。倫理和道德就是其中之一啊！

現在正是我們重新返回做人的根本原則、並根據它確實經營每一天的時刻，不是嗎？我相信：只要我們每個人切記此事，不但可讓自己的人生更為充實，也能夠使社會變得更加富裕，充滿圓融與和樂。

我認為：所謂的人格
可以用「性格＋哲學」的公式表現。

為了每個比今天更好的明天

人生中唯一不滅的是什麼

人類生存的意義、人生的目的究竟是什麼呢？

對於這個最根本的問題，我不想拐彎抹角，答案就是：「提升性靈」、「磨練靈魂」。

受欲望所誘惑、迷惘，是人類的天性。因此，倘若放任不管，我們恐怕會永無止盡地追求財富、地位和名聲，成天耽溺於享樂。

人只要活在世上，就必須滿足衣食的需求，也需要能夠讓自己自由花用、不虞匱乏的金錢。正因為渴望出人頭地也是人類謀求生存的動力之一，所以不應該一概否定欲望的價值。

但是，又有誰能把在世時累積的功名利祿，帶到死後的世界去？這世上的事情就該在這世上作個了結。

如果說在這些生不帶來、死不帶去的東西裡，有一個死後亦永遠不滅的唯一例外，我想，那就是「靈魂」啊！

當我們迎接死亡的那一刻，必須拋棄在此世中成就的一切地位、名譽和財富，只能帶著自己的「靈魂」，踏上新的旅程。

因此，要是有人問我：「你來到這個世上是為了做什麼呢？」我會回答：「我是為了要成為比起出生時更好的人，即使這『好』的幅度只有一丁點也行。換句話說，人生的目的是，就算僅有一絲的進步，我希望自己死去時，帶著的是美麗且崇高的靈魂。」

試煉是磨練靈魂的絕佳機會

人生在世，每個人都不免飽嚐各種喜怒哀樂，在幸與不幸的浪潮中漂泊浮沉，但無論如何，一直到嚥下最後一口氣為止，都應該鞭策自己不屈不撓，拚命攀上那最高的浪頭。

我們應當把這些日子當作磨刀石一般，用以提升自己的人性，修養精神，好讓我們要告別這個世界時，可以帶著比來到這個世上時更高層次的靈魂，欣然離去。

除此之外，我實在想不出還有什麼會是人類活著的目的。

每天不斷勤懇地努力，讓今天比昨天更好，讓明天比今天更值得期待。我們活著的目的和價值，不就確實存在於如此積極不懈怠的勤奮經營嗎？

的確，人生的歷程總是苦多於樂。有時我們甚至會埋怨上蒼，為什麼唯獨自己過得這麼辛苦呢？

但是，正因為人生就是一連串苦楚的集結，我們更需要把這樣的苦難當作是磨練「靈魂」的試煉。

所謂人生的勞苦，正是用來鍛鍊自己人性的絕佳良機。

唯有將試煉視為絕佳成長機會，甚至進一步領悟：「所謂人生，是上天為了讓我們提升自己的性靈、磨練自身靈魂，而提供的修練道場」的人，才能夠把有限的人生變得豐富精采，同時也為周遭的人帶來幸福。

人類生存的意義、人生的目的究竟是什麼呢？
對於這個最根本的問題，
我不想拐彎抹角，
答案就是：「提升性靈」、「磨練靈魂」。

第2章

心念的力量

人生處事須基於善念

善念引善果

若希望度過璀璨絢爛的人生，莫過於察覺一項「真理」：人生決定於內心所抱持的意念。

活躍於十九世紀末的美國啟蒙思想家川恩（Ralph Waldo Trine）曾說過：「你所抱持的任何想法，都會成為力量顯現於外；無論哪種想法，都會牽引相同的想法並返回己身。」

當我們心懷善念時，此善念就會轉化成善力呈現出來，然後引出善果回饋己身；相反地，如果抱持邪念，這意念會轉變成邪惡的力量外顯於人，然後招致惡果懲罰自己。

要是果真如此，我們就得反問自己：我們內心所懷抱的「心念」到底是善還是惡？倘若我們希望自己的人生充滿幸福，做人處事就應該要基於善念。

然而，為什麼只要抱持善念，就能夠得到善果呢？

那是因為這個宇宙到處充滿善念。所謂盈滿於宇宙的善念，是指企圖讓婆娑世界中的萬物皆活得美好，充滿處處為人設想的意念。因此，如果我們懷抱著這種洋溢體貼關懷的善念，就是和滿溢著慈愛的宇宙意念同調，相同的善果必會反之於己。

如同新約聖經中耶穌基督所說：「你們要給人，就必有給你們的。」（譯註：路加福音第六章第三八節），又或者是像日本的諺語「發憐憫心非為人」（譯註：發出同情憐憫之心不是爲了外人，因爲它終會返回己身。故此成語是奉勸世人要心存慈悲，待人以誠）所言，古今中外對愛所擁有的偉大力量見解一致，你所付出的愛一定會回到自己身上，並讓你獲得幸福。

以純粹的「心念」不斷努力

我們應該怎麼做，才能擁有一顆充滿體貼、處處為人設想的心呢？

想當然耳，如果不是聖人君子，單靠善念，無法使心靈滿溢。欲望、嗔怒和抱怨本來就是人類謀生存的本能。

但是，這樣的惡念不可過度。我們必須竭盡所能遏止惡念的萌生，努力讓善念出頭，即便這善念極為微小。

為了達成此目的，很重要的是，每天要不厭其煩地對自己的心耳提面命，砥勵自己務必戰勝惡念。如此一來，我們心中善念所佔的比例就會愈來愈大，不久便能轉化為具體的行動，彰顯於外。

或許有人會心存質疑問道：「難道只要滿嘴說著體貼關懷之心，就可以在這殘酷嚴峻的社會中闖蕩嗎？」答案並非如此。真正的善心，才能擁有強大的力量。

我在經營第二電電（現在的ＫＤＤＩ）的期間，深切地感受到這個道理確實不假。當我創辦第二電電時，外界對於我們京瓷竟敢自稱是國家級事業，並且正面向ＮＴＴ挑戰一事，莫不語帶揶揄，說這簡直有如唐吉訶德的行徑。

之後，以日本國鐵為主體的日本電信公司（Japan Telecom），還有以建設省、道路公團為核心的日本高速通信，也加入這場戰局，二者皆以公營事業為母體，因此具有縱橫全國的綿密鐵路網和高速公路網的基礎建設。相對於此，第二電電赤手空拳地投身戰役，憑藉的只是一股為了因應資訊化社會的到來，謀求百姓的福祉，想要調降通信費用的單純意念，因此敵我的差異至為明顯。

但是，我們的員工都對第二電電設立的宗旨產生共鳴，因此無不致力於架設網絡幹線和開發顧客，他們努力打拼的精神著實令人感動。而且，我們員工的這份執著與認真的態度，也打動了許多代理商和客戶等外部的人士。正是因為有這樣的背景，第二電電才能成為今天的ＫＤＤＩ，不斷成就傲人的發展。

在手握豐富經營資源的優勢、眾人公認必會成功的企業接連失勢、退出戰局的情況下，僅以「為世界、為人民謀福祉」的單純心念做為經營資源的第二電電，反而持續成長茁壯。這個實例足以顯示，引領人類或團體成長的關鍵究竟為何。

那就是純粹且志向高遠的心念，其中潛藏著無比美好的力量。

二十世紀初葉活躍於英國的啟蒙思想家艾倫（James Allen）告訴我們：「內心污穢之人因為畏懼失敗而不願踏進的地方，內心皎潔之人可以輕鬆進入，並且輕而易舉地獲得成功。那是因為他憑藉著比起別人更為沉穩的心靈，以及更加明確且強烈的目標意識，所以能夠導引出自己的能量。」

人生亦然。我們必須努力，讓自己內心懷抱的「意念」是純粹且良善的心念。只要抱持著充滿體貼關懷、為人設想的善念，付出不輸給任何人的努力，上天一定會承諾你一個結實累累的豐富人生，並洋溢著圓滿幸福。

純粹且志向高遠的心念，
其中潛藏著無比美好的力量。

動機是否出於善念？
有無私心？

來自少年輔育院的讀後感

一家出版社拜託我出了本書，書名是《你的願望必會實現》（譯註：二〇〇四年，財界研究所出版，並於二〇〇五年配合圓夢計劃執行委員會舉辦讀後感想徵文活動）。誠如書腰所寫：「當你的人生感到困惑時，請務必閱讀這本書！」我是為了容易迷失生命方向的現代青少年，而寫下這本書的。

很早以前，我便希望即使是身處不幸境遇的孩子們，也能過著美好幸福的人生，所以在這本書付梓發行後，我央請出版社免費致贈給全國的少年輔育院和收容機構等單位。

之後，除了全國少年輔育院的院長寄給我鄭重的感謝函外，來自各地少年輔育院的少年少女們看完此書的讀後感想也如雪片般飛來。當我一字一句看著他們書寫工整的感想時，內心不禁洶湧澎湃，紅了眼眶。

「看完這本書，我知道只要不向逆境低頭，積極向前不斷努力，就能夠成為有價值的人。」

「讀完這些文章，我的想法徹底改變了：僅此一次的人生，我一定要用盡全力，好好地活。」

在輔育院過著更生生活的少年少女們寫出了他們的心境。

這些因為一時失足而犯下罪行，如今墜入不幸深淵的少年少女們，想必曾經怨恨過社會：為什麼偏偏是我要面對這樣的待遇？而在看過這本書後，從前內心充滿憤恨怨懟的這些孩子們慢慢地轉變想法，立志期許自己能夠過更好的人生。

這也正是我寫這本書最想要呼籲的重點。每個人都能夠藉由改變自己的「想法」，讓人生更為美好充實。換言之，如同此書的標題所示，我由衷企盼承擔今後日本前途重任的年輕人們能夠理解：你們的願望一定會實現。

「意念」擁有強大的力量

一般大家都不認為「意念」能夠具有多大的力量。其實不然，「意念」力量之強大，超乎我們想像。

不過，這個「意念」的定義是：美好、率直、開朗、無邪念。一言以蔽之，必須是純粹的「意念」。

我們有時候會聽聞，抱持著如此純粹「意念」的人，輕而易舉地完成艱鉅任務的美談。

例如，即使辦事能力強的人也會感到不知所措、躊躇猶豫的困難計劃，若交由懷抱著純粹「意念」、強烈渴望理想得以實現的人來負責，一定可以毫無遲疑地順利進展。由於周遭的人都知道要實現這計劃難如登天，所以皆投以懷疑的眼光：「就要失敗了吧！」可是讓人跌破眼鏡的是，抱持純粹「意念」的人竟然有如庖丁解牛，遊刃有餘地達成使命。見識過這種奇蹟的人當然會覺得不可思議。

「意念」中可有不純之物？

我認為有這樣的結果一點也不奇怪，因為純粹的「意念」所擁有的力量，比起再怎麼卓越優異的能力智慧，都要來得強大。心中祈願自己能夠「善待他人」，如此美善的「意念」自然能獲得周遭認同，而且連上天也會眷顧，因此終會成功。反之，要是

「意念」立基於只圖自身利益的低層次標準，淨是賣弄自己的能力智慧，走偏門、耍花招，這種人一定無法獲得周遭的協助和上天的垂憐，於是處處遭遇各種挫折與阻礙。

我也有過這樣的經驗。

之前已經提過，那是約莫二十年前，當我要開始從事第二電電時發生的事情。我跨足通信事業的初衷，是為了人民的利益著想，企圖降低通信費用，可是有半年的時間，我還是反覆自問：自己存的究竟是什麼「意念」？「動機是否出於善念？有無私心？」我嚴厲地質問自己：創業第二電電的「意念」裡「可有不純之物」？

那時候我每天晚上都持續著這樣的自問自答，從不間斷，一直到半年後，當我確信「不是為了自己的私利」時，我才願意投身通信事業。而我的這份「意念」得到了第二電電的員工和許多其他人的共鳴，他們都給我真誠的協助與支持。結果，所有物理條件都處於最不利狀態、被外界看衰的第二電電，憑藉著眾人的意念加持，成就了今天的榮景。

這道理當然不只限於商業經貿的世界，人生也同樣適用。

我相信從少年輔育院捎來讀後感想的少年少女們，人生的下一站一定會充滿幸福。因為他們現在已經改過自新，而且從根本改變心態，不再怨天尤人，以正面的態度描繪對未來光明的夢想，並且下定決心為實現自己的夢想，縱使千辛萬苦亦在所不惜。這份純粹的「意念」具有克服萬難、無與倫比的強大力量，應該可以帶領著他們實現夢想。

如果有更多人相信這個道理，懷抱著至為純粹的「意念」，傾注全力持續奮發，無庸置疑地，這樣的「生活方式」不但會讓我們的人生變得多采多姿、結果豐碩，也會使這個社會更加富裕美好。

心中祈願自己能夠「善待他人」，如此美善的「意念」自然能獲得周遭認同，而且連上天也會眷顧，因此終會成功。反之，要是「意念」立基於只圖自身利益的低層次標準，淨是賣弄自己的能力智慧，走偏門、耍花招，這種人一定無法獲得周遭的協助和上天的垂憐，於是處處遭遇各種挫折與阻礙。

幸福由心而定

勤奮、感謝、反省的重要性

我十三歲時就迎接戰爭結束的時代，所以當我力求生存時，我首先意識到的是「勤奮」的重要。環顧四處皆化為廢墟的國土，除了認真、拚命地工作外，別無生存之道。

我們一家人雖然當時在經濟上也是過著捉襟見肘的窮困日子，可是很不可思議地，我們沒有半點不幸的感覺。因為我們每個人無不為了誠實、認真地度過每一天而付出全力。

之後，自從我在二十七歲創辦京瓷以來，我每天都懷抱著強烈的「感謝心」。因為我沒有想到，竟然有同事會為了赤手空拳、毫無經營經驗的我，不惜把自己的房子拿去抵押。受人點滴就當泉湧以報，所以我一心只存著結草銜環、知恩圖報的念頭，以不辜負盡心盡力為公司設立付出的人們，而就在我拚命工作的過程中，「感謝」的意念自然從心底湧現。

很幸運地，公司的營運旋即步上軌道，也有希望可以還清借款，但這並不表示公司在經濟上已經變得寬裕。那時候我整天為工作到處奔走，有時候還得處理顧客抱怨等各種問題，真可說是夜以繼日，全心投入在工作上。

但是，即使忙碌至此，對於與我一齊並肩拚命努力工作的員工、向我們訂貨的客戶，以及總是願意傾聽我們無理要求的業者等，我仍舊不敢有片刻忘記對他們的「感謝」之心，同時我也隱隱約約地體會到「自己是個幸運兒」。

之後，隨著日本社會日益富庶，京瓷也不斷發展成長。可是，我從未料想到，自己從事企業經營，竟然有幸獲得世人的高度評價。

從那時開始，我便強烈地意識到「反省」的重要。於是我養成了習慣，每天起床後和就寢前，都會對著洗臉台上的鏡子，回想昨天發生的事，或今天自己的所作所為。如果發現其中有身為人該當感到可恥之處，就會嚴厲斥責自己，用以懲戒己身勿再重蹈覆轍。

我深知自己多有不足之處，但藉由謹記上述「自知反省的人生」，縱然世道中經營者晚節不保的情形接連出現，我仍然能夠不犯大錯，迎接可以充分體會幸福的每一天。

要抱持著一顆善美的心活著

當我重新再想一遍自己走過的人生歲月，直到現在，我發現無論置身於怎樣的環境，我都能感受到屬於自己的幸福。這樣的體悟讓我深切體認幸福是極為主觀的感受。是否能夠感受到幸福，端視當事人的心態而定，沒有放諸四海皆準的基準。

縱使物質上不虞匱乏，如果只知不停歇地追求無止盡的欲望，是絕對不能感受到幸福的。相反地，儘管欠缺物質的享受、一貧如洗，只要有一顆盈滿的心，無處不幸福。

正如同佛家說「知足常樂」，如果我們不放下企圖填滿恣意膨脹欲望之貪念，就無法得到幸福。所以我認為，每天自省吾身，遏止無窮無盡的欲望，「感謝」現在手邊所擁有的，「誠實」地不斷努力精進——唯有藉由這樣的生活態度，才能感受到幸福。

佛教說人類有一百零八種煩惱。釋迦牟尼佛則開示說：這些煩惱就是折磨人類的元兇。而且，這些煩惱之中當屬「貪」、「嗔」、「痴」三毒最為嚴重。

我們是人，所以為了存活於世，煩惱是不可或缺的，但是卻不可過度。若是淨往壞處想，徒增煩惱，應該永遠也感受不到幸福的滋味吧！

人類原本就有一個站在煩惱的彼端、良善的天性。任何人心中都有一顆美麗的心靈，當幫助別人，或為他人奉獻己力時，自會感到喜悅。但是，過分煩惱時，就很難釋放出原本的天性。

正因為如此，我們需要設法抑制煩惱的竄升。只要我們踏出這一步，一直藏在自己內心深處那顆美麗又柔軟的心靈，一定可以重見天日。

如果我們能夠抱持著如此美麗的心靈活在世上，縱使物質層面並不優渥，還是能夠體會幸福。

一個人是否能夠幸福，關鍵在於自己的心。我從自己的人生閱歷中參悟到：我們能夠克制「利己」的願望到怎樣的程度，以及是否能夠具備一顆要求自己善待他人的「利他」之心，這些才是通往幸福之門的鑰匙，我對此深信不疑。

我們需要設法抑制煩惱的竄升。
只要我們踏出這一步，一直藏在自己內心深處
那顆美麗又柔軟的心靈，一定可以重見天日。
如果我們能夠抱持著如此美麗的心靈活在世上，
縱使物質層面並不優渥，還是能夠體會幸福。

人生乃心性之反映

為什麼成功難長久？

原本是鴻圖大展、光采耀眼、眾人艷羨的人，曾幾何時居然像夜空中殞落的流星，光芒盡失。近年來，我目睹了不知道多少次這樣的憾事。當下除了心痛之餘，我還會思考：「一旦到手的成功，究竟是因何而不能長久持續呢？」

人獲得成功往往是因為承蒙許多人的支持和援助，然而成功的人卻會往自己臉上貼金，認為都是因為自己有能力，久而久之，連最後的成果也想要一人獨佔，難與人共享富貴。一旦形成這樣的心態，就會在不自覺的情況下，愈來愈狂妄傲慢，於是周圍的朋友一個接著一個離去，再也得不到任何幫忙協助。

再者，人有一種容易讓欲望無限蔓延的通病。就算攀登上成功的高峰，也很難就此滿足，老是眺望著另一座山頭，心裡盤算著「我想要更有名」、「我想要擁有更多的財富」。殊不知是因為我們忘了人活在這個世界上最重要的圭臬：「知足」和「謙虛」，所以成功才會難以長久。

我認為，宇宙中流動著一股希望將世界萬物皆導向美好方向、活力充沛的「宇宙意志」。所以只要順著這股潮流，心向著它引導的美好方向，全心全意地持續努力奮發，我們一定可以看到璀璨光明的未來。

反之，如果我們忘卻知足常樂的道理，失去謙沖自牧的態度，一心只抱持著利己的想法「反正只要自己好就行」，然後自私自利地採取行動，那麼便是違逆了宇宙的意志，就算僥倖獲得一次成功，這果實也不長久，馬上就會腐壞。

常言道：天道難違。我們必須竭盡全力克制盤據在心頭的利己想法，努力祈願善待他人的「利他」思想能夠戰勝邪妄思維，盡情湧出。

我們應當努力的方向是「整理自心」。具體來說就是，看到別人幸福時，要壓抑住自己的妒忌，真誠地為他高興；看到人家傷悲時，要感同身受同感哀戚，由衷地為他加油打氣。更進一步地，我們要克制對他人的怒氣，以一顆柔軟、善體人意的心待人接物。

一切行為皆是內心的反映

艾倫在他的著作《我的人生思考 1——意念的力量》（譯註：二〇〇二年，小知堂出版，英文原名為《As A Man Thinketh》）中，將「整理自心」作以下的解釋：

「人類的心就像房屋的院子一樣。有人很有智慧地播種耕作，有人則無為而治、放任不管。不管是何種作為，院子裡都一定會長出些東西來。也就是說，如果你沒有在自家的院子裡撒下美麗花草的種子，不久之後，無數雜草的種子就會飄落生根，到時院子就只有雜草叢生。厲害的園藝家會耕種自己的庭院，拔除雜草，播下美麗的花草種子，然後不斷地呵護其成長。」

「我們也是一樣。如果我們想要過精采美好的人生，就必須將內心的庭院徹底翻起，重新整理，清除所有不純正的錯誤想法，然後種下高潔正確的心念，小心培育，直到它開花結果。」

艾倫說：如果我們想要度過收穫豐富的美麗人生，就像栽種院子的植物一樣，首要的工作是，用力捻除盤據在心中的「惡念」雜草，播下「善念」的種子，然後持續地小心呵護。所謂「有智慧地耕種」，意即反覆以理性告訴自己：「做人當如是！」

藉由上述方法整理自己的心，幾乎戰無不勝、攻無不克，我們都可以順利地去除得勢坐大的沾滿欲望、滿是憎恨的心，以及充滿嗔怒的心，開出慈悲心、愛心等美麗動人的「花朵」。

乍看之下，大家常常會誤以為「整理自心」這回事，應該和工作或人生沒有關係。其實絕非如此。無論是工作的成果，亦或是人生的成績，一切都是內心的直接呈現。

既然如此，想要度過精采美好的人生，或是想要建立豐功偉業，方法都十分簡單明瞭。

只要獲得成功時，仍舊能夠不忘虛懷若谷，懂得知足，對一切事物抱持感謝；另一方面，縱使時運不濟，還是能坦然以對，繼續積極進取地生活──人生自會美好，事業自會發達。再強調一次，只要我們總是要求自己養成高尚的人格，整理自己的內心，持之以恆地提升性靈，自會得到美好的結果。

我深信：如同上述，每個人的不斷努力，才是實現更美好社會的唯一途徑。

我認為，宇宙中流動著一股希望將世界萬物皆導向美好方向、活力充沛的「宇宙意志」。

第3章

嚴以律己

不可將才能據為一己之用

時常謹言慎行，自我警惕

《南洲翁遺訓》（譯註：西鄉隆盛的遺訓集，又稱爲《西鄉南洲翁遺訓》或《大西鄉遺訓》等）是我的案頭書，只要有事發生時，我總是翻開它尋求智慧。其中有一節是這麼寫的：

「愛己乃非善之最也。無法修業、事業無成、未能改過、甚而伐功矜能，皆起於愛己之念，故切不可愛己也。」

翻譯成現代的文字，意思是：「愛自己，換言之，只顧自掃門前雪、不管他人瓦上霜的行徑，是最要不得的。自己之所以無法修業學習，事業之所以不能成功，錯誤之所以無法改正，乃至於對自己的一點小小成就便心存驕傲、不可一世，都是因為愛自己的心態而起，所以我們千萬不可以有那樣利己的想法。」

《南洲翁遺訓》裡還有下面這麼一段：

「開創事業者，其事大抵得以成就十之七八，剩餘二成罕有可順利完成者，乃因初始時尚能嚴以律己、處事恭敬，故得以立功立事、名聲顯赫。然隨功立名顯，愛己之心油然而生，戒慎恐懼之念鬆懈，驕矜之氣漸長，遂自負其既成之事業。倘若此時欲成就己事，工作將陷入困境，終致失敗，此惡果皆自招也。故當克己自律，戒慎乎其所不睹，恐懼乎其所不聞。」

大意是說，開創一番事業的人裡，很少人的成功能夠一直長久延續，這是因為他們內在萌生起愛自己的心，時常恃才傲物，過於自信。若要成就真正的成功，最重要的是謹言慎行，自我警惕。

因此，不管是為了成功，甚或是進一步想要持續成功的果實，西鄉隆盛都教導我們必須時常保持謙遜之心。

滿招損，謙受益

自從我於昭和三十四年（西元一九五九年）成立京瓷以來，

都是為了全體同仁、支持京瓷發展的各方友人、甚至於京瓷的客戶，竭盡全力打拼。

結果，京瓷得以完成傲人的發展，並且旋即在昭和四十六年（西元一九七一年）達成股票上市的目標。大眾傳媒和身邊的朋友們，看到京瓷創業後僅以十二年的時間便完成了股票上市的成績，都對我讚譽有加。

事實上，那時我也差一點就要掉入如西鄉所說，因為一時的成功而驕傲自滿、不可一世的險境。

「這家公司難道不是以我為中心創建的嗎？要不是有我的技

術做為基礎，這家公司根本成立不起來啊！要不是我半夜也沒得好眠，認真為這家公司打拼，哪有今天的榮景？所以我獲得更高的評價、更好的待遇，應該也當之無愧啊！」這樣的念頭，當時的確曾經掠過我的腦海。

但是，就在這念頭閃過的當兒，我立即察覺到，縱使讓京瓷走向成功是憑藉著自己的才能，但這才能絕非屬於一人所有。

或許我身為一位經營者，確實是成功地帶領京瓷這家企業成長茁壯，不過這只是因為上天碰巧將「用於經世濟民」的經營才能恩賜予我之故，所以絕不可以把這份才能自私地據為己用。

如果，這份才能真是上天賜予自己的，就應當不藏私地貢獻於全體員工、客戶、乃至於社會大眾。因此我體會到，對於眼前的成功不該驕矜自滿，當更加虛懷若谷，不斷鞭策自己全力以赴才是。

我認為京瓷能夠持續發展到今天，原因無他，就是因為我體察到了這個真理，於是能夠警惕自己勿失謙虛之心，並且和全體同仁上下一心、努力打拼。

中國的古典文學《書經》中有句經典名言：「滿招損，謙受益。」自古以來，自滿驕奢者總會遭受重大損失；相反地，時常謙沖自牧，思考著「善待他人」者，必會贏得幸運之神的眷顧。

這正是超越時代、亙古長存的道理，即使到了二十一世紀的今天，也絕不會有絲毫改變。

現代社會之所以混沌迷失，我認為原因是出在，很多人都忘了這份謙虛的重要，心裡充滿著利己的想法，老想著只要自己好就可以了。這樣的心態萬萬不可，首先，我們必須感謝上天成就現在的自己，然後時時期許自己「能夠處事謙虛」，進而鞭策自己全心全意地付出，不斷努力向前。

我深信，只要能夠這樣做，任誰都一定可以過比以前更好的幸福人生；同時，也可以讓這個日益迷失墮落的社會重回正軌，找到正確美好的方向。

如果，這份才能真是上天賜予自己的，
就應當不藏私地貢獻於全體員工、客戶、
乃至於社會大眾。
因此我體會到，對於眼前的成功不該驕矜自滿，
當更加虛懷若谷，不斷鞭策自己全力以赴才是。

殫精竭慮，持續付出不輸給任何人的努力

成功沒有特別的方法

我有幸透過盛和塾的演講和全國各地的企業經營者見面，並且接受他們各種諮詢。其中常被他們問到的一個問題是：「我的公司該做哪些改變，才能像京瓷和ＫＤＤＩ一樣成功呢？」他們都認為，成功一定有什麼祕訣才對。

對於這樣的問題，我總是回答：

「成功其實沒有特別的方法。只要以你為中心，讓全體員工能比任何人都要努力工作，就一定會成功。」

尤其是許多中小企業的經營者們，都會歸咎自己的公司「是下游承包商」、「規模小」、或「沒有技術、也沒有資金的奧援」，所以認為公司經營不善是理所當然的。事實上，從經營者有這種想法的瞬間開始，員工便喪失了工作的意願，企業也就真的走上停滯不前的不歸路了。

若想要在困境中獲得成功，自己公司所處的狀況愈惡劣，就愈應該由領導者以身作則，帶領全體員工上下一心，發揮比任何人都勤奮認真的韌性全力以赴。除此之外，別無他途。我們必須努力到神明會認為：「看在那家公司的員工都已經那麼努力的份上，我也該助他們一臂之力吧！」的地步。

但是，只靠一般尋常的方法，無法營造出讓所有員工都能夠主動拚命工作的氛圍。若要達成此目的，經營者本身除了必須懷抱著對成功的熊熊熱情、身先士卒、不斷付出不輸給任何人的努力外，同時還必須去除私心，提升自己的人格，以贏得員工們的信賴與尊敬。

至誠所感，天地亦為之所動

二宮尊德是日本家喻戶曉的人物，在幕藩體制已經產生動搖的江戶時代，他沒有運用任何特殊的奇策妙計，卻把許多土地與人心皆荒蕪凋零的貧困村落，逐一變得富裕安康、衣食無虞。

聽說他採取的方法很簡單，就只有兩個：一是自己荷著鋤頭和鐵鍬，披星戴月地下田工作；一是向村民不斷闡述勤奮、正直、誠實等最重要的做人倫理和道德的重要性。

當村民們對他產生信賴尊敬之心，並且開始效法他拚命工作時，那個村莊在物質和心靈二方面也就富庶充實了起來。

明治時期的思想家內村鑑三（譯註：一八六一年〜一九三〇年，日本基督教思想家、文學家，提倡無教會主義。著作有《我是如何成爲一個基督徒的》、《代表的日本人》等）曾經訓示：「至誠所感，天地亦為之所動。」（譯註：此話與漢朝王充《論衡．感虛篇》之「精誠所至，金石爲開」意同。）二宮尊德相信：只要自己竭盡至誠拚命努力，上天自會伸出援手；如果中途遭遇挫折，必是自己的誠意還不夠。所以他心無旁騖，只是埋首努力而已。

即使我現在回顧自己創立的京瓷或KDDI的發展歷史，還是得到同樣的結論：二宮所教導與實踐的道理都是真理，此事千真萬確。而且這個道理不僅在企業的經營上有其功效，也明白地啟發我們：什麼是人生路途中最重要的。

人類是脆弱的。所以遭遇困難時，總是不敢正面迎接挑戰，很快就忙著找藉口，企圖趕快逃避。這樣一來，絕對無法成功。無論面對如何嚴酷的狀況，都要正面面對，竭盡至誠，持續付出不輸給任何人的努力。要成功，這是必要的做法。

人類是脆弱的。
所以遭遇困難時，總是不敢正面迎接挑戰，
很快就忙著找藉口，企圖趕快逃避。
這樣一來，絕對無法成功。
無論面對如何嚴酷的狀況，
都要正面面對，竭盡至誠，
持續付出不輸給任何人的努力。
要成功，這是必要的做法。

富裕即為知足

為什麼我們不能確實地感受到富裕？

世人都讚美說，日本從第二次世界大戰後的廢墟之中再度站起，現在已是世界上最為富裕的國家。可是，在日本卻有非常多人牢騷滿腹：「根本沒有生活富裕的感覺。」當然，由於複雜的物流結構和過多的法規限制等，日本的物價比起其他各國都要來得高，這種國內外不同步的價格差異，應當立即尋求改進。但是，如果減去這個不妥的部分，我認為現在的日本堪稱是「富裕的國家」。

因為在我們生活周遭，只要願意工作，沒有人會挨餓受凍。

而且，這個社會也沒有要求我們非得工作到廢寢忘食的地步，才能安身立命，圖得溫飽。事實上，我們每個家庭靠各式各樣電器代勞，街道上到處可見轎車穿梭奔馳，一年出國到海外的人數甚至高達一千萬以上。時至今日，我認為大家實在應該認同，日本已經進入了「富裕社會」之列。

如果上述屬實，也就表示真正的問題是：日本人明明置身於「富裕的社會」，卻無法確實體會富裕的感受。

原因究竟何在呢？答案是：因為現在的日本人無法實際感受到富裕，陷入了貧窮的精神結構。

想想我們日本人，是不是將已經到手的富裕束之高閣，逕自往外追求其他東西？是不是相信富裕有所謂客觀標準，於是老對自己抱怨著「就是少了些什麼」？因為這些自以為是，才不能確實感受已有的「富裕」。

從利己轉為利他

「富裕」是什麼，本來就非常主觀，感受方式因人而異，根本沒有客觀的標準。所以，「不知足的人」、以及徹頭徹尾「感到不足的人」，縱使提供他們多麼富裕優渥的生活，他們也感受不到。

所謂的富裕，只有「知足的人」才能深切體會感受。換句話說，唯有「知足」的精神存在於人心，始能確實感受到何謂富裕。如果日本人真的尚未能確實感受到富裕，我認為原因只有一個：日本人貧窮的精神結構作祟。

人之所以「不知足」，是因為受制於「利己」的枷鎖。利己，也就是放任「自己的欲望」，如果放任它，它將無止盡地坐大。企圖滿足這個深不見底的「自己的欲望」的人，是以自己的得失利害為判斷的基準。為了獲取自己的利益，會不擇手段，無所不用其極。

在現在日本社會裡，這種以利己為判斷基準的人不是愈來愈多嗎？我們生出了泡沫經濟的怪獸，又自食惡果地使之崩潰——我們一手造成了現在這個迷失沉淪的社會。不管是哪種下場，都是因為日本人的心困於利己的迷宮，找不到出路。

如果我們想要讓沉淪的日本社會變得更加美好，當務之急就是從淨化日本人的心開始。唯有我們能獲得不受利己之心所宰制的正確判斷基準、價值觀，才能「知足」，也才能發自內心確實感受到「富裕」。

我認為當每一個日本人都擁有利他心，並且開始思索為蒼生、為世人貢獻己力時，日本才能真正地成為一個美好的國家。

唯有我們能獲得不受利己之心所宰制的
正確判斷基準、價值觀，
才能「知足」，
也才能發自內心確實感受到「富裕」。

每日自省吾身

淨化利己之心

我常常在洗臉時，湧起如強浪般襲來的自省之念。例如，當我回憶起前些天的舉動太過自私、讓人無法苟同時，我總是不自覺地對著鏡中的自己厲聲怒斥道：「混帳東西！」或「真是蠢得可以！」

到了最近，不光是早上洗臉的時候，連參加完酒宴回家的夜晚，當我返回家中或飯店的房間準備就寢時，「神哪！真對不起！」的「反省」話語也會不由自主地脫口而出。

這句「對不起」裡，除了誠實地表達我想要對自己的態度表示謝罪的心情外，同時也表達了請造物主原諒「沒有做到盡善盡美的自己」的想法。

因為我都是大聲說出這句話，要是有人聽見了，說不定會以為我精神不太正常呢。但是，每當我獨處時，這句會不自覺脫口而出的話語，就像是我的隱形導師，一直提醒著我：隨時要警惕自己啊！

我認為，這個舉動就是自身的「良心」在苛責利己的自己。

人類如果總是能理性地、利他地判斷事物，應該就能隨時採取正確行動。然而實際上並非如此。人類在判斷和行動時，往往是憑藉著與生俱來的利己之心，只想著獨善其身。

打個比方，這樣的貪念，就如同我們為了維持自己肉體的運作，不惜嚇退其他所有人，只圖自己能夠獨佔食物。此等利己之心，乃上天賜予萬物求取自保的本能，故完全抹煞實不可得。話雖如此，若放任此基於本能之利己心恣意坐大，人類在人生或事業經營上，恐將成為欲望的奴隸，任其支配走入歧途。

所謂「反省」的行為，指的就是企圖淨化上述動輒被利己意念充斥的心。我認為如果能夠藉由不斷「反省」、警惕自己，遏止利己意念的竄出，我們心中自會湧現那人類理應擁有的美麗

「利他」之心。

正如同佛教告訴我們的：「佛在每個人心中」，人類的本性就是美麗善良的啊！它應該是充滿著「愛、真誠與和諧」，而且是能夠用「真、善、美」或「良心」這些字眼來形容的、崇高至善的本質。因此，人類藉由「反省」，可以讓這顆本來就擁有的美麗之心，綻放出耀眼光芒。

不斷的努力可讓心靈變得純粹

不過，這樣的「反省」並不是只要做一次就可以了事的。我們必須持之以恆。因為因循苟且、執迷不悟是人類的天性，如果沒有反覆再三地「反省」，根本無法期待會有任何改變。對我而言，要做到每天「反省」也不是件簡單的事，剛開始得要用道理說服自己，經過長久的訓練後，才慢慢地內化為自己的習性。

可是一旦養成這樣的習慣，不就和在禪寺中修行有著同樣的效果嗎？我認為，透過時時「反省」，不斷努力讓自己的心靈變得純粹，一定能夠逐步地修養自身，成就高尚的精神。

包含我個人在內，世上不可能有人是完美無瑕的，偶爾犯下錯誤在所難免。但是，每次不小心犯錯時，老實「反省」，努力不讓同樣的錯誤再度發生，如此日積月累地反覆執行，確實是可以幫助我們一點一滴地提升自己的人性啊！

我深信，經過這樣「每天自省吾身」所獲得的「人格」，才是最堅定且難以撼動的。不但如此，因為它比什麼都要來得高尚崇貴，定可引領我們走向精采美妙的人生。

正如同佛教告訴我們的：「佛在每個人心中」，人類的本性就是美麗善良的啊！它應該是充滿「愛、真誠與和諧」，而且是能夠用「真、善、美」或「良心」這些字眼來形容的、崇高至善的本質。因此，人類藉由「反省」，可以讓這顆本來就擁有的美麗之心，綻放出耀眼光芒。

第4章

如何開拓坦途

工作的重要

苦難是神明恩賜的禮物

我認為我們必須告訴年輕人「工作」有多重要。

年輕時，我嚐過許多挫折的滋味，也經歷了刻骨銘心的風霜。但是，我發現，就是因為我勇敢地面對這些苦難，不沮喪、不頹廢，而且積極向前、拚命工作，才能夠成就今天的我。也因此我深深體悟用盡全力、拚命工作的重要。

大學畢業後，我好不容易才找到一份工作，只不過這家叫做松風工業的公司，當時已經是風雨飄搖，隨時可能倒閉。周遭的朋友看到我進入這樣的公司，個個的反應都是：「稻盛老弟真可憐。他在大學那麼地用功，成績應該也很不錯的，怎麼只能找到那樣一家爛公司呢！他以後的人生可怎麼辦？」

但是，現在回想起來，我卻覺得那是神明賜給我最棒的「禮物」。老天要我只能進到一家虧損連連的公司，叫我只能專心投入精密陶瓷的研究開發。這些天意的安排，讓我原本挫折不斷的人生畫下了休止符，另外譜出一篇全新的人生樂章。

我在設備少得可以的實驗室裡，廢寢忘食、心無旁騖地研究當時尚未受到矚目的精密陶瓷的材料。結果，我成功開發出新材料，獲得了令人稱羨的優異成果。只是好景不長，後來因為和上司在新技術開發的立場上意見相左，我不得不離開公司。

天無絕人之路，就在我遭此打擊時，很多人對我伸出援手，幫助我創辦了京瓷。不過即使如此，一家剛成立的公司，誰都不敢保證它可以撐得了多久。為了不讓我的員工們沒了飯碗流落街頭，我必須比以前更拚命工作才行。

看到我這番不要命似地努力，我身邊的人這樣評論道：

「稻盛那傢伙的運氣真背！二十七歲年紀輕輕的，站在第一線，為了那不知道有沒有前途的公司鞠躬盡瘁。他的辛苦恐怕是白忙一場吧！」

可是，最後的結果跌破了一堆人的眼鏡，我拚命工作的努力得到了回報，京瓷不斷成長發展，現在的營業額甚至超過了一兆日圓。同時，我自己的人生也因為獲得各方人士的鼎力相助，變得繽紛美好，連我自己都難以想像。

不光是我個人而已，所有一起和我在京瓷的創業期間奮力打拼、共患難的人都是這樣。那時他們進到的京瓷，是一家明天會怎樣都不可知的小公司，但他們願意和我一起夜以繼日、卯起全力來工作。或許他們的父母親也曾經諄諄告誡過他們：「沒有必要工作到那種程度，有一天會把身體搞壞的。把工作辭了吧！」即使如此，他們仍舊不惜辛苦，努力付出。

當然還是有人選擇離開，可是留下來的人，每個都不畏勞苦，沒有半句不滿埋怨，而且一路走來，心裡懷抱著光明的希望，熱情忘我地投身工作。我想，正是這種對工作的專注熱忱，才能夠培育出美好的人格。

當時，和我一起辛苦奮鬥、看似路上隨處可見的平凡年輕人們，後來都成長為傑出的領導幹部，協助公司日後的發展。現在，很多人都過著幸福美滿的生活。

把受託付的工作視為天職

拚命地工作，引導了我的人生走向璀璨光明。工作勞動，就像是「治百病的良藥」一樣，縱使是人生的試煉或是逆境，都能一一克服。藉由持續付出不輸給任何人的努力，熱情忘我地投身工作，命運的大門一定也會為我們敞開。

人就算已經身處在得天獨厚的環境之中，往往還是會覺得上面交付給自己的工作很沒有意義，滿口不平怨氣。但是，命運並不會因為這樣做而好轉。我們應該把長官交付給自己的工作當作天職，努力讓自己喜歡上這份工作，並且進一步全心投入。

當我們這麼做時，不知不覺中，內心的不滿抱怨便會消失，工作也必然可以順利進行。而且，我們藉由更加拚命地持續工作，能夠使自己的想法和人格變得美好良善，而此結果能夠讓我們度過物質心靈皆充實富裕的人生。

一般大家看著現代年輕人時，共同的觀感是：他們之間瀰漫著一股輕視工作的萎靡風氣，認為工作只要能取得錢財就好，愈來愈多年輕人覺得忍耐或努力是沒有意義的。我想這應該就是尼特族（譯註：NEET，全稱是：Not currently engaged in Employment, Education or Training，意指不升學、不就業、不進修或不參加就業輔導，終日無所事事的族群）和不願受制於雇主的飛特族（譯註：是日本創造的新字彙，由英文free〔自由〕與德文arbeiter〔勞工〕拼合而成，指畢業後沒有固定工作，靠打工爲生的年輕人）日益增加的原因吧！

不管面對怎樣的困難，只要不斷付出不輸給任何人的努力，永遠以開朗積極的態度拚命地持續工作，人生的旅程一定會變得豐富且滿載而歸。在人生歷程中，做為這些年輕人前輩的我們，有責任和義務告訴他們這個道理。

拚命地工作，引導了我的人生走向璀璨光明。
工作勞動，就像是「治百病的良藥」一樣，
縱使是人生的試煉或是逆境，都能一一克服。
藉由不斷付出不輸給任何人的努力，
熱情忘我地投身工作，
命運的大門一定也會為我們敞開。

心無旁騖，專注投入

聰明才智不過是第三等的資質

關於領袖應該擁有的資質，中國明代的思想家呂新吾（譯註：一五三六年～一六一八年，名坤，字叔簡，號新吾，自號抱獨居士。河南寧陵人。萬曆二年進士）在其著作《呻吟語》（譯註：完成於明萬曆二一年（一五九三年））中說道：「深沉厚重，是第一等資質。」也就是說，身為領導者最為重要的資質是，凡事深切思考、穩重敦厚的人格。

呂新吾繼續說明：「聰明才辯，是第三等資質。」這告訴我們，一般世俗所看重的「頭腦好、有才能、辯才無礙」只是第三等的資質。

看看現代的社會，不論政商財界，僅具備呂新吾所說的第三等資質的人物，卻被選為眾人領袖的情況，比比皆是。或許他們的確有能力，是有用的人才，但他們是否果真具備做為領導者需要的資質，這點是令人存疑的。

造成現在社會墮落頹廢的原因之一，難道不就是我們把這些身上只具備第三等資質的人物選為領袖的關係嗎？如果我們要擺脫現在的混亂渾沌，構築一個更好的社會，最重要的是，選擇呂新吾口中所說，擁有第一等資質的人物，換言之，選擇具備美好良善「人格」的人物做為我們的領導者。

但是，此時還有一件事情必須注意。那就是「人格」不是恆久不變的，它會隨著時間產生變化。

舉例來說，一個原本應該是勤奮努力的謙謙君子，一旦坐擁權力，很有可能性情大變，桀驁不馴。同樣地，也有完全相反的例子。縱使一個迷失方向誤入歧途的人，只要他洗心革面，不斷精進和努力，還是會脫胎換骨，成為令人豎起大拇指的「人格者」，即有德之人。

所謂「人格」的本質，是會不斷變化的，它可能往好的方向前進，也可能朝壞的方向發展。因此，當我們選擇領袖時，對於該人物是否適任，就不可單憑當時所顯現的「人格」妄下定論。

我們究竟該以什麼為基準來選擇領袖才好呢？

專心投入工作，形塑人格

首先，我們有必要思考兩個問題：一、人格是如何形成的；二、要怎麼做才能夠提升人格？

若要提升人格、磨練自己，原本可能需要自我要求，做到有如宗教家所執行的嚴格修行。如此一來，我們凡人要成就人格提升，實屬不易。

我認為我們一般人可以藉由專心投入每天的工作，達成使人格向上的目的。換言之，對工作全力以赴，不僅會帶來物質生活的食糧，還能提升我們的人格。

二宮尊德便是其中的代表例證。他終其一生在田間拚命勞動，並在刻苦自勵中體會真理，成就高尚的人格。正因為尊德是這樣的人物，所以能夠獲得眾人的信賴和尊敬，成為大家心悅誠服的領袖，進而拯救了許多貧困的村落。

所謂真正的領導者，不就是像二宮尊德一樣，終其一生，專心一意地埋首於工作，然後從過程中不斷提升自己人格的人物嗎？如果是這樣的人，就算被委以領袖的至高權力，應該也不會墮落傲慢，反而會為了團體著想，犧牲自己拚命地工作才是。

我由衷期盼無論規模大小、所有團體的領導者都能像之前所述，傾注全心全意，努力提升自己的人格。我相信藉由每個團體的領袖發揮能力，持續照亮自己所在的角落，有朝一日，日本的社會一定可以比現在更為光明燦爛。

所謂真正的領導者，不就是像二宮尊德一樣，終其一生，專心一意地埋首於工作，然後從過程中不斷提升自己人格的人物嗎？

如果是這樣的人，就算被委以領袖的至高權力，應該也不會墮落傲慢，反而會為了團體著想，犧牲自己拚命地不斷工作才是。

人正確的生存之道

要追求做人的正道

我原本對經營完全外行、一竅不通，卻因緣際會，在二十七歲時，成立了京瓷這家公司，開始從事經營。雖然公司規模很小，員工只有二十八位，但才一創業，要馬上作出決策的事情層出不窮，員工一個接著一個請示我「這該怎麼處理？」要我作出裁決。

二十七歲之前，我並沒有企業經營的歷練，也不知道經濟和會計等概念，但即使本身條件如此，我還是必須作出判斷。當時的我實在不知道該以什麼為決斷基準，所以困擾到了極點。

就這樣煩惱了許久，最後我決定要以最基本的倫理道德觀念為基礎：「做為一個人，什麼是正確的？」換言之，以我們行的是「做人的正道嗎？」「還是不對的呢？」、「是好事嗎？」「還是惡行呢？」為基準進行判斷。

現在的社會，不公不義之舉恣意橫行，到處都有存心圖利自己、胡作非為的人，所以絕對稱不上是個令人滿意的理想境界。但是，我下定了決心，無論這個世界是好是壞，我都要自問「做為一個人，什麼是正確的？」並且追求看在每個人眼裡都是對的事，換言之，追求做人普遍的正道，不斷朝自己的理想邁進。

所謂「追求做人的正道」，是指縱使身處再怎麼惡劣的境地，都要將公正、公平、正義、努力、勇氣、博愛、謙虛、誠實等態度視為最重要的價值觀予以尊重，一切舉止皆以此為基準。

現在回過頭來想想，當時毫無經營歷練的我，能夠將京瓷和ＫＤＤＩ建立成還算像樣的企業，我想就是因為，我一路所追求的無他，「做人的正道」而已。

行為可有做為一個人當覺羞恥之處？

然而，有學習過若干程度經營知識的人、雖然不多但也算是有經營經驗的人，往往容易以「是否賺錢」為判斷基準，而對

「做一個人正確與否」不屑一顧。與其拚命地工作，他們寧願學會如何妥協，以及學會事前溝通運作的技巧，好讓企業經營能夠輕鬆愉快些。另外，也有經營者只想要追求合理和效率。

這樣的想法不光只是存在於經營者中。政界和官僚體系也是一樣，單憑自己的優秀才能和淵博學識，或只靠自己精通做人處事之道而成為領導者的人們，也都採取相同的作為。

擁有如此領袖的社會，自然會形成只思考自己的利益、為求賺錢不擇手段的風氣，不可能追求正義公理。這樣的氣氛一旦蔓延，社會上一定會有愈來愈多人贊同做一點壞事無傷大雅，恐怕世風日下，社會只會繼續失序，道德終將日益敗壞啊！

現在的日本不正陷入如此不堪的境地嗎？對此我甚表憂慮。倘若今後我們希望打造一個理想的社會，那麼沒有任何人可以置身事外，我們必須採取理想的行動，意即執行做為一個人應該力守的正確行徑。

尤其是被稱為領導者、站在指導立場的人們，更應該時常嚴厲地反問自己：「我的行為裡可有絲毫做一個人當覺羞恥之處？」唯有當政、商、所有領域中被稱為領導者的人物都能率先正己，追求做人的正道，社會整體的道德才會向上，構築健全社會的理想才有望達成。

所謂「追求做人的正道」，
是指縱使身處再怎麼惡劣的境地，
都要將公正、公平、正義、
努力、勇氣、博愛、謙虛、
誠實等態度視為最重要的價值觀予以尊重，
一切舉止皆以此為基準。

本於「德」治理組織

孫文提倡的王道

領導統馭一個組織時，治理的方法有二種：以「力」壓人，或以「德」服人。換言之，統治一個團體，有基於仁德的「王道」和本於力量的「霸道」，兩種截然不同的治理之術。

講到「王道」和「霸道」時，我想起了中華民國國父孫文於一九二四年在神戶進行演講的一段內容。

孫文希望透過革命建設新中國，於是四處奔走尋求友人的支持，他當時也曾造訪過日本，不過當時的日本正瀰漫著一股日益朝向帝國主義靠攏的氛圍，孫文見狀於是這樣問道：

「西洋的物質文明是科學的文明，但現在變成了武力的文明，欺壓著亞洲各國。由此可見，西方盛行的是中國自古所說的『霸道』的文明。然而比起『霸道』的文明，我們東方有更好的『王道』文化。王道文化的本質，道德和仁義是也。

你們日本民族，現在引進了歐美的霸道文化，但同時也擁有亞洲王道文化的本質。面對世界文化的前途，日本今後究竟會淪為西洋霸道的看門狗，還是成為東方王道的干城？完全繫乎你們日本國民的仔細思考、審慎選擇。」

很遺憾的是，日本沒有聽從孫文的忠告，一頭栽進「霸道」的思想無法回頭，走上武力侵略的道路，最後終於在一九四五年自食惡果，迎接戰敗的事實。

孫文提倡的「王道」，指的是基於「德」的國家政策。所謂「德」，中國自古以來皆是以「仁」、「義」、「禮」三字解釋其義。

「仁」，即慈愛他人。

「義」，即合乎道理。

然後，所謂「禮」，明辨禮節也。

另外，具備「仁」、「義」、「禮」這三項情操的人，中國稱為「有德之人」。

換句話說，「以德治理」代表的是，以高風亮節的人格統治組織之意。

君子不器：經營之成就取決於上位者的器量

不僅是統御國家如此，我認為，在企業經營上，若想要讓自己的公司長久維持榮景，唯一之道就是以「德」治理。

歐美許多企業都是以霸道，也就是憑藉「力量」統馭公司的運作。例如，藉著滿口資本主義的論調，揮舞人事和任命等生殺大權；又或者企圖以物質金錢的誘因，掌控所有員工。

但是，靠著權力管理人類，或藉由金錢撩撥人類欲望的經營方式，絕對不可能長久。就算一時可以獲得成功，但終將招致眾叛親離、衰敗滅亡的下場。

所謂企業經營，必須以追求永遠的繁榮為目標，因此方法只有一個：採取基於「德」的經營方式。

事實的確如此，隨著經營者人格的逐日提升，企業也會跟著成長發展。我將此概念以「經營之成就，取決於上位者的器量」來表達。正如同日本俗諺中所說「螃蟹只會依照自己的大小挖洞」，縱使經營者心裡想著要把公司經營得有聲有色，但公司的成就完全取決於經營者的人格，也就是做人器量的大小。

例如，我們常有耳聞，原本成功經營一家小型企業的老闆，隨著企業規模日漸擴大，卻無法做好舵手的工作，引領公司走向正確的方向，終以倒閉收場。這是因為經營者沒有隨著組織的逐日成長，跟著擴大自己的器量才能。

如果要長期推動企業的發展，首要之務是，經營者必須持續努力讓做為一個人的器量，也就是自己的人性、哲學、想法、人格，能夠不斷向上。

但是最近幾年，了解這個道理的經營者在日本是愈來愈少了。取而代之的經營者，只因為一點小小事業的成功就得意忘形、趾高氣昂，滿腦子想著自己的私利私欲，最後把好不容易才到手的成功拱手讓出。

正因為世道如此，我們更需要重新向聖賢學習智慧，體會「德」的重要性。了解「德」何其重要，不僅能導引一個組織團體的發展，甚至可以對於日益崩解的日本社會，作出重新再造的偉大貢獻。

如果要長期推動企業的發展，首要之務是，經營者必須持續努力讓做為一個人的器量，也就是自己的人性、哲學、想法、人格，能夠不斷向上。

打開「智慧寶庫」

創造力的泉源

我身為一個技術人員，同時也是經營者，在長期從事「產品製造」的過程中，有不少次因為親身感受到偉大的存在，而重新湧起虔誠敬畏之心的經驗。我覺得自己的人生歷程就像得到智慧大師醍醐灌頂、而受他一路引領一樣，從事各種新產品的開發時都順利成功，事業也因此成長發展，更讓我的人生充實滿載。

對於這份感觸，我有以下的見解。

它既非偶然，也非我的才能帶來的必然。這宇宙的某個角落有個叫做「智慧寶庫（真理寶庫）」的地方，而我就在自己也沒有察覺的情況下，每每從那寶庫裡堆藏著滿滿的「睿智」中，挖掘出所需要的，成就了新的發想和創意。

「睿智之井」取之不盡、用之不竭，它就像是宇宙或者是神明蘊藏的普遍真理。人類藉由上天賜予的睿智，才能使科技進步、文明發達。我個人也是如此，當我拚命埋首於研究時，都是因為有幸碰觸到那睿智的吉光片羽，才能成功地把劃時代的新材料和新產品推出問世。除此之外，我實在想不出我何德何能可以擁有此等成就。

我在「京都賞」（譯註：由稻盛和夫於一九八四年設立，獎勵當年度對科學、技術和文化等領域有卓著貢獻者，有「東方諾貝爾獎」之稱）的頒獎典禮或其他不同的場合，常有機會接觸到世界知性領域裡，堪稱翹楚的頂尖研究人員。當我知道他們每個人，在成就劃時代發明或發現的過程中，都有宛如神明天啟降臨般，接收到創意靈感（inspiration）的那一瞬間時，我詫異萬分。

他們告訴我說，所謂「創造」的瞬間，有時候是發生在焚膏繼晷、終日精神緊繃的研究生活中，稍事休息的剎那；有時候則是在就寢時的睡夢裡。他們說只有在那樣的時候，「智慧寶庫」才會打開大門，給予指點。

愛迪生能夠在電氣通訊的領域持續推出劃時代的發明或發

現，難道不也是在他夜以繼日地付出了超乎常人的分析鑽研後，從「智慧寶庫」中獲取了比別人都要多的靈感所致嗎？

當我回顧偉大先人們為人類開拓出嶄新視野的功績時，總是不禁認為：他們都是以「智慧寶庫」給予的睿智做為創造力的源頭，把有如神蹟絕技般的高超技術化為自己所有，故能讓文明不斷發展至今。

純粹的心、熱情，以及努力

那麼，我們要怎麼做才能打開「智慧寶庫」，獲得裡頭的聰明睿智呢？

我認為方法只有一個：抱持著一顆沒有半點污穢、邪妄意圖的純粹之心，傾注如火焰般熊熊燃燒的熱情，並且不斷地付出真摯懇切的努力。

一個人只要懷抱著一顆美麗的心、堅持夢想、持續付出不輸給任何人的努力，神明就會給他一把照亮前方的火炬，讓他從「智慧寶庫」中順利得到他所需要的那一道光明。

我從自己親身的經驗，強烈地這麼認為。因為如果不這樣想，我實在找不到第二個合理的解釋。我只不過是個走在路上隨處可見的平凡青年，這樣的凡人竟然能夠創立京瓷和ＫＤＤＩ等企業，甚至發展到今天的規模。

無論是成立京瓷，還是創辦ＫＤＤＩ的時期，我都是鎮日埋首於工作，不眠不休、夙夜匪懈，簡直到了「癡狂」的地步。當時我內心強烈地祈求「為了增進黎民蒼生的福祉，無論如何我都要設法讓這個事業成功」，憑藉著這股拼死的意念，我心無旁鶩地投身於工作之中。我想我能夠從「智慧寶庫」滿滿的睿智中獲得點滴，應該是上天給我這一路辛苦努力的報酬吧！

能夠蒙受此「智慧寶庫」恩惠的，並不僅止於從事創建新事業或開發新產品等創造性工作的人。我認為擁有一顆美麗的心、專心一意地投注於一件事的人，同樣可以獲得這份眷顧。

心懷「善待他人」、竭盡全力拚命活著的人，當他遭逢困境、煩惱憂慮、寢食難安、痛苦掙扎到極點時，就像陰暗的角落突然射進一道光芒一樣，上天一定會清楚地指出一條可以克服障礙的明路。而這道光也是從「智慧寶庫」中發出的啊！

我相信，所謂的「智慧寶庫」，永遠為真心誠意活在世上的所有人敞開。

一個人只要懷抱著一顆美麗的心、堅持夢想、持續付出不輸給任何人的努力，神明就會給他一把照亮前方的火炬，讓他從「智慧寶庫」中順利得到他所需要的那一道光明。

後記

我相信，人生中「真正的成功」，在於提升、淨化和磨練自己的靈魂，讓自己能夠成長為一個比起呱呱墜地來到這個人世時，更為善良美好的人。

真正的成功，絕不是指攀登到高位、聲名遠播、坐擁金山銀山等世俗的評價。那樣的成功，實乃「虛的成功」，當油盡燈枯、要往棺材裡一躺時，所有一切都必須拋下，沒有一個可以帶著上路。

本書是把我從一九九六年到二〇〇七年期間，斷斷續續投稿給《致知》月刊的卷頭言，重新編輯而成的。在那將近十年之久的時間，發生了許許多多撼動社會的事件，每次我伏案寫起卷頭言時，總是期許自己仔細觀察社會情勢後，能夠寫出針砭時弊、合乎時宜的題目。

然而，這次受到致知出版社社長藤尾秀昭先生的請託，試著把當時每期的卷頭言彙整成為一本書時，出乎意料地，我發現所有內容竟相互連貫，有一致的中心思想。

那就是在本書開頭所述的我的人生觀。換言之，就是「如何經營美好人生的原理原則」。出版社據此脈絡，將本書命名為《成功與失敗》。如果各位讀者能夠有所體會，實感安慰。

雖然拙於文字，算是野人獻曝了，但我很用心在字裡行間鋪陳出，我努力活過的七十有餘的人生歲月中所獲得的想法。若要得到人生真正的成功，究竟該如何想、怎麼活？

我由衷企盼各位讀者今後能夠度過更為豐富精采、結實累累的幸福人生。

作者專訪

京都陶瓷創辦人、榮譽會長稻盛和夫：

光明正大最重要

採訪／狄英、莊素玉

問：現在很多年輕人，總認為前途不明，看不到未來。你認為如何呢？

答：經營者實在沒有必要對於未來感到悲觀。首先，當有壞的時候，必然會有往上走的時候。

我二七歲時創辦京瓷，經過了五十年，期間發生了許多事，所以大家也沒有必要悲觀。絕對不可以慌張，在不景氣時，最重要的大事是要對未來做好準備。一定要有遠見，看到未來。

不景氣也好、人生也好、企業金融也好，好時機也有、壞時機也有，這就是循環，這也是人生。

不好的時候，要忍耐、要忍耐，雖然很苦，但是不要恐慌、也不要任性。忍耐是絕對必要的。

問：什麼樣的事情要非準備不可？

答：就是針對自己所做的產品、所做的事業，因為現在不景氣，有閒暇時間，可以好好針對新產品的開發、新的研究、新的領域等，所有的事來好好思考。

我曾走過好幾次的不景氣。在不景氣的時機，我花了好多時間、注入很大心力研發新產品。

我是從研究開發技術出身，一有空，就會想下一步要做什麼新產品。譬如說，三十年前石油危機發生時，那時，有所謂太陽能發電，雖然研究要花很長的時間，但我想需要太陽能發電的時代，必然來臨。

從現在來看，太陽能的發展非常重要。這個太陽能產業，一年約有一千億元的營業額，也沒有受到目前不景氣的影響，然而這是我在三十年前就開始研究開發的新產品。

當然，不只於此。二十五年前，我開發第二電電新事業。也就是目前所謂的ＫＤＤＩ，這家公司比京瓷還要大。第二電電，也是我在不景氣時，所研究開發出的新事業。

過去不景氣發生時，我一定會做研究開發，開發新產品。所以，這次發生不景氣，我也一定會說要開發新事業。

問：所以說，現在最重要的是利益要最大、成本要最低，這是非

常重要的？

答：如果一直在做低收益、利益率低的企業，需要很辛苦、很努力地做。如果你做的是這種行業，一旦吹起不景氣之風，只要風一吹起，低收益企業就倒了。

所以要做事業，必須將銷售最大化，經費最小化。

在每天的企業經營時，緊緊抱著這種意識。努力地將營收做高，努力地將經費減少。很努力地下功夫，全心全力地努力思考，非努力想辦法將經費降低不可。沒有這種努力的企業，企業的利益率是不會高的。

我認為不管是什麼企業，只要全心全力，集中下功夫，自然就會有高收益。我是這麼想的。

為什麼一定要成為高收益企業？因為不管怎麼樣，每隔幾年，一定會碰到不景氣的來臨。不景氣不止來一次，一定是一次、兩次、三次，接二連三地來。

企業家要有自己的經營哲學

問：稻盛先生的經營哲學論是很有名的。在這樣混亂的時代，企業家必須持有什麼樣的哲學？

答：特別是在世界普遍混亂的時代，最重要的是身為一個領袖，心要如何安住？也就是我所說的哲學。

為什麼呢？我們人類要有什麼樣的想法、心要想什麼，會成就現在人類的文明社會。譬如說，為了便利快速飛越天空，人類發明了飛機。想要跟遠方的人說話，發明了無線電話。

這些發明都是源自人類最初的想法。

在不景氣當中，最重要的是，你持有什麼樣的想法、什麼樣的思潮，將會決定人類將來的走向。

在任何時代，特別是一個領袖應該持有哲學。但經濟領域、政治領域的領導人，常常會忘記所謂的哲學。也就是說只有非常貧乏的心、非常卑微的心。只是想多少要賺一點錢，只為自己賺錢。尤其是美國的金融機構，為自己牟取鉅額的利益。結果是到今日，許多人內心還是非常貧乏。

問：如何讓自己的能力不斷地提高？

答：技術的能力、管理的能力，不管朝什麼樣的方向都要不斷地伸展。會不會伸展？朝哪個方向伸展？這時候就要看自己心中怎麼說、心底怎麼想，來決定。

也就是說，自己想要更賺錢？想要更快樂賺錢而來開發技術？想要用惡劣手段來賺錢？

你會選擇哪個動機，會由你的心怎麼想、怎麼說來定調。

我的建議是應該朝美麗、清純、明亮的方向來自我提升。

在心中，有個空間置放著堅強、美麗、清朗。唯有持有這種心態，才能將技術開發、經營管理不斷伸展出去。

為了要擁有堅強、美麗、清朗的心，必須每天每天不斷地琢磨你自己的心。必須努力地將自己污穢的心壓抑住，不斷地每天反省自己，多磨磨自己的心。

只要擁有這種美麗的心，我認為，經營就可以做得很好。

如何選擇繼承人

問：在選擇繼承者時，你是如何選的？如果繼承者繼承之後，做不出好成績，怎麼辦？

答：就像你說的，選擇後繼者確實要看他有何實績可言。這個人到現在做了些什麼事？有何實績？有何功績？這個人到現在，做了些什麼工作？

這雖是在選擇重要的企業繼承者時，一件非常重要的要素。但對我而言，最重要的大事是，這個人現在是處於什麼樣的心態。

總而言之，就是以所謂非常強、非常美、非常清朗的心為經營基底。譬如說，不是為了自己，而是為了大家，為了周圍人的幸福。如果不是這種抱著美麗之心的人，我不會選擇他做我的接班人。

在展開新企業時，我會選擇這樣的人。

如果沒有這種高風亮節，只看他過往的績效為依據，來遴選後繼者，是很一般人的做法。

如果是根據過去的表現來遴選後繼者，說不定會出現不錯的績效也不一定。但這個人怎麼樣都在想要做出更好的業績，想要展現自己是更優秀的經營者，有時反而導致失敗。這種狀況也是有的。

我不會選擇這種喜歡耀武揚威的人，我一定會選擇真正謙虛、認真、好心的人。

問：如何順利交棒？

答：只要選定後繼者，告訴他你就是下一任社長就可以。像我這樣，自己創立公司，又是所有權者，又是經營者，很難找到後繼者，總是很難依賴後來的年輕人，很難有人來繼承。總是認為自己很行、很難信賴後來的年輕人，所以很難有繼承人。但是還是非得找年輕人來繼承不可。

成立新公司的原則——選擇有責任感的年輕人

問：京都陶瓷，關係企業及子公司有一百八十幾家之多，你是根據什麼樣的判斷基準，決定要開創子公司的呢？之後，你又

如何確保他們成功呢？

答：我主要是選擇跟我一樣有經營責任感的人。犧牲自己的私生活，也要守著公司、讓公司發展的人。

就像以前的日本流行所謂中國的孫悟空，拔一根毫毛，吹一下，就可以變出很多分身，這樣在推展事業就很簡單。

我一直很努力在我的部下當中，找尋與培養跟我一樣想法、並且認真的經營者。一旦挑對部屬，培養到可以出師的時候，我就會讓他去創立子公司。

如果一直當社長、會長，用日本話來說，就是老害。就是由老人引起的禍害。結果是六十歲、六十二歲、七十歲等。自己所引起的禍害，自己都全然不覺。

與環境共存共榮

問：你對環境議題一直很關心，貴公司也一直強調要與環境共存共榮的哲學。為什麼會關心這樣的議題？

答：我們人類都不是只靠自己一個人來生存。每個人都要跟周邊的人共存。

至於企業經營，不是只任意讓自己的公司好就好，也要注意與周邊交易對象的關係良好。所以要讓周圍的人喜歡你，也要讓周圍的人提到你的公司，會說你這家公司是好的公司，如果能夠這樣被認知，這樣才能讓公司變好、走的路變廣。

在地球的環境問題當中，人類任意生活，卻讓地球的植物、動物全部消滅，對地球無利，人類自然也無法在地球上殘留。

問：京瓷一直很強調阿米巴組織經營，在這麼不景氣的時代，阿米巴組織的經營又有何意義呢？

答：阿米巴經營的原點就是小團體的經營系統。這些小組織的全體成員都將自己看成經營者，全心全力地經營。

京瓷在全世界有六萬個從業員，這六萬個從業員不是只聽命一個最頂端的社長才動員，而是分成許多小單位，個別行動。分成許多小小阿米巴，這些小小阿米巴組織全體成員，都是跟社長一樣的思維，很認真地守護著公司。所以六萬個京瓷人，都有如同經營者一樣的意識，一起努力。

不景氣，人才還是最重要

問：在這樣的不景氣年代，你會裁員嗎？

答：專業人才、金錢、技術，只要有這三項要素，就能經營。

然而，人才是最重要的。我年輕時，材料、金錢、技術，都不算充分。社員有二十八名員工。只要能夠將擁有素樸、開朗的心的人才齊聚一堂、大家團結，一定可以成就不凡的事業。

今天，京都陶瓷經營了五十年，產品做出來了，金錢也做出來了，技術也做出來了。

但是到目前為止，我最看重的還是人，尤其是社員的心，是最重要的。

所以說，以前有所謂終身雇用的制度。在京瓷，我們一概不聘請臨時派遣員工，京瓷所聘請的全部都是正式社員。

人生要向前行，自己所持有的能力很重要。在工作熱情方面，我比一般人還高。我認為工作熱情比別人高的人，他的人生會比較順遂。

其次，是這個人的思考方式。這個人的心，究竟抱持什麼樣的想法是很重要的事。人生不完全靠能力來決定。

問：針對當前的不景氣，你最關心的事情是什麼？

答：現在大家最關心的是現今資本主義所應該呈現的方式。資本主義就這樣發展下去嗎？這是世界上的領袖都必須檢討的。要重新正式地思考資本主義。

問：創業以來至今，你最想做的事是什麼？

答：在企業以外的事，我沒有什麼私事想要做。我想要做的事是稻盛基金會正在做的「京都賞」（京都獎）。

另外就是「盛和塾」的事。盛和塾不只在日本，在紐約、洛杉磯、舊金山、中國都有盛和塾。盛和塾想要教年輕的企業家們如何卓越經營。

第三件才是針對我個人想要做的事，那就是創造更安、更穩、更好、更美的心。更美的心之外，還要更美的心。並且以更美的心迎接自己的人生終點。

（莊素玉翻譯整理）

刊登於天下雜誌四二二期

國家圖書館出版品預行編目（CIP）資料

稻盛和夫　成功與失敗（新裝紀念版）：如何過好一生的品格／稻盛和夫著；彭南儀譯. -- 第二版. -- 臺北市：天下雜誌股份有限公司，2024.10
224 面；14.8×21 公分. --（天下財經；542）
譯自：「成功」と「失敗」の法則
ISBN 978-986-398-990-5（平裝）

1. CST：成功法　2. CST：生活指導

177.2　　113003616

天下財經 542

稻盛和夫　成功與失敗（新裝紀念版）

如何過好一生的品格

「成功」と「失敗」の法則

作　　者／稻盛和夫 Kazuo Inamori
譯　　者／彭南儀
封面設計／Dinner Illustration
內文排版／顏麟驊
責任編輯／沈怡君、賀鈺婷、張齊方、何靜芬、呼延朔璟
校　　對／沈怡君、祝志沂、李佳霖、莊素玉

天下雜誌群創辦人／殷允芃
天下雜誌董事長／吳迎春
出版部總編輯／吳韻儀
專書總編輯／莊舒淇（Sheree Chuang）
出版者／天下雜誌股份有限公司
地　　址／台北市 104 南京東路二段 139 號 11 樓
讀者服務／（02）2662-0332　傳真／（02）2662-6048
天下雜誌 GROUP 網址／ http://www.cw.com.tw
劃撥帳號／ 01895001 天下雜誌股份有限公司
法律顧問／台英國際商務法律事務所・羅明通律師
印刷製版／中原造像股份有限公司
總 經 銷／大和圖書有限公司　電話／（02）8990-2588
出版日期／ 2024 年 10 月 2 日第二版第一次印行
定　　價／ 420 元

"Seiko"to"Shippai"no Hosoku
By Kazuo Inamori

書號：BCCF0542P
ISBN：978-986-398-990-5（平裝）

直營門市書香花園　地址／台北市建國北路二段 6 巷 11 號　電話／02-2506-1635
天下網路書店　shop.cwbook.com.tw　電話／02-2662-0332　傳真／02-2662-6048

天下雜誌
觀念領先